Comprendre si bien les autres qu'on vous croira devin

Théorie basée sur les 4 éléments

Par Samuel Laguerre – La Plume Bossal

Table des matières

Avant-propos

Cette théorie a pour but de faciliter la communication et la compréhension entre les personnes. Elle fait le pont entre la psychanalyse jungienne, la physique, l'Ayurveda indienne, l'holisme afro-antillais ainsi que la théorie chinoise des éléments. Deux choses séparent cette théorie des autres théories semblables. Premièrement, elle vous sera plus utile pour comprendre les autres que pour vous comprendre vous-même. Si elle vous éclairera aisément sur votre nature profonde, n'oubliez pas qu'il est difficile d'être objectif avec soi-même donc voyez-la plutôt comme un outil de cohésion sociale.

Deuxièmement, cette théorie est fondamentalement simple et j'en suis fier. Il est très dur d'interagir naturellement avec une personne tout en essayant de se remémorer de grandes théories complexes. Cette théorie est simple et imagée pour vous permettre de vous en souvenir aisément et de la rendre applicable dans la vie de tous les jours. J'irai donc directement au but en assumant que je m'adresse à des personnes intelligentes qui savent qu'un livre ne peut pas leur apporter toutes les réponses, mais qu'il peut systématiquement les pointer dans la bonne direction. Vous vous apercevrez qu'il y a une certaine poésie des mots dans mes explications théoriques. Cela sert avant tout à faciliter la rétention et la compréhension de l'information, mais aussi à faire en sorte que la lecture de ce texte ne soit pas trop lourde et désagréable pour un néophyte.

Comme en mathématiques, il est important de bien comprendre la base avant de faire des opérations complexes. De même, je vous encourage à prendre votre temps pour bien comprendre les 4 types d'éléments individuellement avant de chercher à comprendre l'interaction de ces éléments chez un être humain.

Surtout, n'oubliez pas que les êtres humains ne sont pas des machines et que chacun d'eux a sa propre individualité. Si cette théorie vous permet de déterminer avec beaucoup de précision les pourtours et les tendances naturelles des individus avec lesquels vous interagissez, il y aura toujours des anomalies qui ne s'expliqueront que lorsque vous aurez appris à connaître personnellement un individu et son histoire (son parcours, son milieu, les défis surmontés, etc). Il sera à vous de déterminer si cette personne vous intéresse assez pour chercher à la connaître plus en profondeur.

Chapitre 1 - La structure

Pour débuter, il existe 4 types de personnalités fondamentaux que sont le type air, feu, terre et eau. Ces éléments sont des symboles qui représentent une manière spécifique de voir le monde ainsi que d'interagir avec ce dernier. En cas de doute, il suffit de méditer sur la manifestation de ces éléments dans un environnement réel pour mieux comprendre par analogie la théorie ou la personne avec laquelle on cherche à interagir. Ainsi, pour comprendre quelqu'un de type air, il suffira de méditer sur comment se manifeste et agit l'air. Pour comprendre quelqu'un de type feu, il suffira de méditer sur comment se manifeste et agit le feu et ainsi de suite. À ne surtout pas confondre avec l'astrologie.

Quelques précisions sur cette théorie. Premièrement, elle a été développée pour être comme un langage intérieur. Ceux qui sont accoutumés à la synergologie et le langage corporel s'y retrouveront. Comme cette dernière, il ne suffit pas de lire la théorie pour qu'elle soit efficace. Vous devrez la méditer ainsi que la pratiquer en essayant de repérer la composition élémentaire des gens avec lesquels vous interagissez. Par composition élémentaire, je veux dire que personne ne fonctionne sur un seul principe élémentaire (air, eau, feu, terre) mais que ces 4 éléments se retrouvent toujours en chaque personne et obéissent à une structure relativement stable qui définit les contours de leur individualité. Avec de la pratique, il devient relativement aisé de déduire cette structure en observant les paroles et agissements de notre interlocuteur. Ne vous en faites pas si au début le tout semble un peu flou, c'est normal. Comme une langue, il est inefficace de chercher à tout comprendre d'un seul coup. Chaque chose en son temps et à la fin de ce livre vous aurez une meilleure compréhension des préceptes qui pouvaient vous sembler a priori un peu flous.

Composition élémentaire

Chaque personne obéit à une structure élémentaire stable. Cette structure est composée d'un élément maître, d'un élément subjugué, d'un élément défi ainsi que d'un élément frein.

Comme son nom l'indique, l'élément maître est celui qui domine chez un individu. Il est le maître de nos pensées et agissements. C'est la tendance naturelle vers laquelle un individu va lorsqu'il interagit avec le monde extérieur ou lorsqu'il doit affronter un problème.

L'élément subjugué correspond à la partie plus intime et introspective d'une personne. C'est l'équivalent intérieur de l'élément maître. On remarque souvent que lorsque l'on devient plus proche et plus intime avec une personne, elle nous laisse voir un autre côté de sa personnalité. Cet "autre côté" est l'élément subjugué. Il y a un cas très intéressant où l'élément subjugué devient maître : c'est lorsqu'une personne est amoureuse. On aura souvent l'impression qu'elle devient une "autre personne" ou qu'elle agit avec l'être aimé d'une manière totalement différente de sa nature habituelle. L'élément subjugué correspondant à la vie intérieure, il est normal que sa prépondérance augmente en corrélation avec le niveau d'intimité.

La combinaison de l'élément maître et de l'élément subjugué forme ce que j'appelle le fondement d'une personne. Ce fondement, comme son nom l'indique, est sa base psychologique. Il sera toujours préférable de comprendre le fondement d'un individu plutôt que de simplement chercher à déterminer son élément maître car ce fondement crée une dynamique particulière. En psychanalyse jungienne, ces différentes dynamiques sont nommées archétypes. Cette dynamique sera vue plus en profondeur plus loin dans cet ouvrage, mais voici un exemple. Deux personnes pourront avoir comme élément maître le feu. Si on prend en considération simplement l'élément maître, on aura l'impression que ces personnes agissent plus ou moins de la même manière. Lorsque l'on prend en considération l'élément subjugué, on se rend compte que ces deux personnes qui semblaient agir de façon si similaire le font pour des raisons fondamentalement différentes. De la même manière, deux personnes pourraient avoir différents éléments maîtres, mais le même élément subjugué. Ces personnes agiront de façon fondamentalement différente, mais pour des raisons très similaires.

L'élément défi quant à lui est naturel pour un individu mais contre-intuitif dans son application et non-orthodoxe dans sa compréhension. Pour cela, il sera la plupart du temps utilisé d'une manière non continue, dans un but précis. L'élément défi sera utilisé comme un outil, comparativement au fondement qui est une manière d'être. Comme son nom l'indique, l'élément défi sera le plus souvent utilisé pour surmonter un problème ou une condition que la dynamique du fondement à elle seule ne peut pas surmonter.

L'élément frein est l'élément contre-nature pour une personne. Elle aura une grande difficulté à mettre en application les préceptes et la sagesse qui découlent de cet élément. Son application et son utilisation demanderont un grand effort de volonté, une application imaginative et non conventionnelle ou une aide externe. Beaucoup de gens passent énormément de temps à éviter leur élément frein et cela résulte inévitablement en des répercussions négatives ou une synthétisation artificielle de l'élément frein. Par exemple : une réaction complètement irrationnelle face à une situation qui exigerait de voir le monde en fonction de l'élément frein, une dépendance excessive à des gens qui peuvent percevoir le monde selon ledit élément, etc.

Une des règles de cette théorie est que les 4 éléments doivent obligatoirement se manifester dans la vie de chaque individu de façon équilibrée. Tout déséquilibre sera automatiquement compensé de façon consciente ou inconsciente par l'individu. Si un individu n'équilibre pas les 4 éléments en lui-même, il sera systématiquement attiré vers des situations qui le pousseront à l'équilibre ou vers des personnes qui équilibreront ces éléments pour lui. En d'autres termes, si un individu ne crée pas l'équilibre en lui-même et par lui-même, les circonstances et les gens dans sa vie le forceront à l'équilibre, le plus souvent de manière désagréable.

Si vous trouvez que ces explications sont floues et abstraites, c'est normal. Soyez patient et le tout deviendra plus clair au fur et à mesure que vous lisez. Voici une analogie pour mieux vous faire comprendre l'interaction et le rôle de chaque élément.

L'analogie de la voiture

Imaginez une voiture qui avance et se déplace sur une route. Le conducteur de cette voiture est l'élément maître. C'est le conducteur qui décide où la voiture ira, par quel chemin et à quelle vitesse. La voiture elle-même est l'élément subjugué. Si c'est le conducteur qui décide du pourquoi et du comment, il devra toujours prendre en considération les besoins ainsi que l'état de la voiture. Si le conducteur désire s'aventurer sur une route glacée, il devra s'assurer que la voiture a des pneus d'hiver. S'il décide de faire une longue route, il devra s'assurer d'avoir assez d'essence. S'il désire s'aventurer hors des sentiers battus, il devra s'assurer de bien connaître les réactions et les limites de son véhicule.

Selon la théorie chinoise des éléments, on dira que le conducteur est yang et que la voiture est yin. Lorsqu'ils sont sur la route, le conducteur et la voiture forment un tout, un fondement.

S'il désire aller plus rapidement ou simplement maintenir sa vitesse, le conducteur devra de temps en temps appuyer sur l'accélérateur. Cet accélérateur représente l'élément défi. Il facilite et accélère naturellement notre déplacement d'une position A vers une position B mais il serait contre-intuitif de constamment garder notre pied enfoncé sur celui-ci. Si on cesse d'appuyer sur l'accélérateur, quelle que soit la vitesse à laquelle on va, on finira par ralentir et s'arrêter, de même notre avancement personnel dépend beaucoup de l'élément défi.

Le frein, comme son nom l'indique, représente l'élément frein. Il sert à équilibrer la dynamique créée par la combinaison des 3 autres éléments. Tant et aussi longtemps qu'on est seul sur la route et que cette route est droite, on peut avoir l'impression qu'il est inutile d'appuyer sur le frein. Mais si un obstacle se présente et qu'on n'a pas appris à se servir du frein, alors cet obstacle devient notre frein et il y a accident. Le frein est contre-nature, car le but de la conduite est d'avancer tandis que le frein freine l'avancement. Pourtant, sans cette force régulatrice, il n'y a pas de conduite sécuritaire et la déroute est une question de temps. Selon la théorie chinoise des éléments, l'accélérateur est yang et le frein est yin.

Donc, pour récapituler, si notre vie est une route, alors l'élément maître est un conducteur, l'élément subjugué le moyen de transport, l'élément défi est l'accélérateur et l'élément frein est ce qu'il est.

Chapitre 2 - Les 4 éléments

Si le chapitre précédent parlait principalement de structure, cette section parle des différents éléments et de leurs manifestations. Chaque élément sera mis en contexte avec les autres sur un sujet précis pour vous permettre d'avoir une idée de la manière dont les éléments se différencient entre eux sur des sujets donnés.

Description symbolique des 4 éléments

L'air est une force associée au changement et au déplacement, traditionnellement masculine. Il ignore les barrières et infiltre les endroits inaccessibles, préférant naturellement les hauteurs. Il impose sa force à certaines occasions, mais la plupart du temps navigue tout en discrétion dans son environnement à un point qu'on en oublie sa présence, son influence et même son importance. Sa nature le pousse à être distant de son environnement, accompagnant les choses sans faire partie de ces choses, affectant les êtres sans les dénaturer. Une sensibilité anticipatrice et une abstraction identitaire font de l'air une force difficilement saisissable. Ainsi, la main qui s'agite brasse l'air sans vraiment l'affecter.

Le feu est une force associée à la transformation et à la renaissance, c'est le versant subtil de la mort et de la destruction. Force traditionnellement masculine, il est de sa nature de briller, quitte à devoir consumer ce qui l'entoure. Les obstacles sont inévitablement considérés comme des défis pour tester sa puissance, quelle que soit la différence de leur taille et de leur force. Il cherche systématiquement la croissance. Sa crainte est l'extinction, mais une simple étincelle le rallume. Son précepte est fusionnel, cherchant constamment à faire un avec ce qui entre en contact avec lui, quitte à devoir le dénaturer. Ainsi, le bois qui touche le feu s'enflamme, pour finalement devenir le feu lui-même sans distinction.

L'eau est une force associée à l'adaptabilité et à l'échange. Force traditionnellement féminine, elle prend la forme qui lui est nécessaire pour se fondre et se lier à son environnement. Fortement associée aux émotions, l'eau est une source de vie. Animée d'une sensibilité empathique, elle absorbe les propriétés de ce qui l'entoure par simple contact et interaction, quitte à changer son état ou cesser d'être elle-même. Ainsi, au contact du citron, l'eau cesse d'être de l'eau pour se faire limonade.

La terre est une force associée à la stabilité et à la constance. Force traditionnellement féminine, elle impose ses limites et supporte mal les changements brusques. Solide dans son essence, elle supporte les charges que l'on dépose sur elle sans broncher à moins d'atteindre un point de rupture. Il est dans sa nature d'accumuler et de préserver les choses.

Maintenant que vous avez une idée globale de ce que représente chaque élément, il vous sera plus aisé de comprendre la suite de cette théorie des personnalités.

Comment perçoivent-ils le temps ?

Pour mieux comprendre chaque élément, mais aussi pour mieux comprendre chacun de ses choix, il y a une notion fondamentale qu'il est important de comprendre. Chacun de ces 4 types perçoit le temps de manière très différente. Contrairement à la notion populaire, le temps ne s'écoule pas de la même manière pour tous. Si une minute est la même pour tout le monde, ce que représente cette minute change en fonction de la personne qui la vit et de sa perspective. Ce ne sont pas des concepts ésotériques mais des faits prouvés par la physique quantique. Ainsi, on retrouve souvent dans la tradition orientale le concept que le temps est une illusion. Ce que les Orientaux veulent dire par illusion n'est pas que le temps n'existe pas, mais que la conception qu'on a de lui est faussée par notre point de vue subjectif.

Exemple : lorsque les gens parlent du futur, ils ont l'impression qu'on parle de quelque chose qui va arriver alors que c'est faux. Le futur est la possibilité qu'une chose puisse arriver sans qu'elle ne soit arrivée, c'est un principe de potentialité. Ainsi, lorsque les historiens imaginent comment aurait pu être la vie dans tel ou tel village il y a 5000 ans, ils parlent du futur même si c'est un événement passé.

De même, le passé est ce qui ne peut pas être changé, même si cette chose n'est pas encore arrivée. Ainsi, notre mort fait partie de notre passé, même si on ne sait pas quand et comment elle arrivera. Le quand et le comment font partie de notre futur, mais notre mort en tant que telle fait partie du passé, ce fait ne pouvant pas être changé.

Si le passé et le futur sont des états, le présent diffère, car il est un processus. Le présent est l'actualisation d'un futur possible en passé immuable. C'est la transition de ce qui aurait pu être vers un état qui ne peut pas être changé. Ainsi, ce qu'on appelle le présent est un processus de choix contrairement au passé et au futur qui sont des états.

Avec ces quelques clarifications, il vous sera plus aisé de comprendre la suite.

Le type air

Les gens de type air perçoivent et vivent le temps en fonction du futur. Pour eux, tout est relatif et dépend des circonstances ainsi que du point de vue. Ils seront plus intéressés par les possibilités d'une chose que par cette chose en elle-même. Par exemple, ils seront plus intéressés par ce qu'impliquent les notions abordées dans un film ou une histoire plutôt que par cette histoire en elle-même. C'est ce qui explique leur constant détachement et leur amour des choses abstraites.

Le type feu

Les gens de type feu perçoivent le temps en fonction du présent. Pour eux, ce qui se passe autour d'eux et ce qui arrive à l'instant est la seule réalité qui a de la valeur. Puisqu'il leur est difficile d'accorder de la valeur au futur ou au passé, ces gens passent beaucoup de temps à prouver qu'ils existent par des actions diverses, quitte à prendre des risques. Cela explique l'irrationalité avec laquelle ils ignorent des expériences passées et l'obstination avec laquelle ils ignorent des conseils pour le futur.

Le type eau

Pour les gens de type eau, le présent, le passé et le futur se superposent les uns avec les autres en permanence. Pour eux, il est très compliqué de percevoir ou d'expliquer avec exactitude la réalité en fonction d'une seule composante de temps (présent, passé, futur). Ils se fieront donc à la sensation globale que leurs sens leur apportent et ressentiront le tout sous forme d'émotion

Le type terre

Les gens de type terre perçoivent le temps en fonction du passé. Ils ont beaucoup de difficultés à accorder de la valeur aux possibilités futures et aux risques du présent. Leur perception du monde est toujours en fonction de ce qui a déjà fait ses preuves ou de ce qui peut être prouvé.

Comment apprennent-ils ?

Le type air

Les gens de type air apprennent par analyse. De même que l'air pénètre une maison dont toutes les portes et fenêtres sont fermées, ainsi les gens fonctionnant sur ce principe peuvent apprendre énormément d'une situation sans nécessairement avoir à la vivre eux-mêmes. Ces gens ont une capacité hors de l'ordinaire à faire des liens entre des idées et concepts qui semblent ne pas être liés entre eux, de là leur amour de l'abstraction. Si l'air peut facilement entrer dans une maison par la plus minime des fentes, il ne peut pas simplement traverser le mur. Ainsi, malgré leurs connaissances, ces gens auront souvent de la difficulté avec des concepts plus simples et de base qui exigent de l'expérience ou qui nécessitent de mettre de côté les théories.

Le type feu

Les gens de type feu apprennent par instinct. Pour apprendre, ces gens doivent consumer l'expérience. Ils doivent vivre les choses en situation réelle ou réaliste. Adorant la clarté, ces gens se méfient des grandes théories qui demandent trop de réflexion et préfèrent l'action immédiate et l'information qui en découle. Ces gens ont tendance à apprendre dans un but précis et négligent donc souvent les détails qui auraient pu servir hors du contexte de leur objectif. Ces gens ont souvent besoin d'une sensation de dépassement de soi pour les motiver à l'apprentissage.

Le type eau

Les gens de type eau apprennent par intuition. Un peu comme s'ils suivaient une voix intérieure, ces gens semblent souvent avoir un talent naturel qui les guide dans leur apprentissage. Ces gens apprennent en assimilant la sensation globale qu'ils tirent d'une situation, que ce soit par analyse ou par action. De ce fait, ils ont souvent de la difficulté avec la précision et le côté plus technique de l'apprentissage. Fait intéressant, leur apprentissage est émotif et ils auront tendance à assimiler l'information beaucoup plus facilement lorsqu'ils s'amusent.

Le type terre

Les gens de type terre apprennent par technicalisation. Leur processus d'apprentissage est la simplification du contenu en plusieurs parties et la répétition individuelle de chaque élément. Ces gens ont une approche plus mécanique que les autres de l'apprentissage, mais leur connaissance des sujets étudiés est généralement plus fiable. Ils agissent de cette manière car il est très important pour eux d'être efficaces dans ce qu'ils font ainsi que de maîtriser leur savoir de manière quasi machinale.

Comment se construit leur ego ?

Dans cette section, nous parlerons de la manière dont se construit l'ego de chaque type mais il est important de comprendre ce que le mot *ego* signifie dans le contexte de cette théorie. Ici, l'ego est ce qui nous donne un sentiment de valeur, c'est le baromètre de notre bien-être. Contrairement aux différentes traditions spirituelles qui le décrivent comme un aspect négatif de la personnalité, on le considère ici comme neutre et servant simplement de compas intérieur.

Le type air

L'ego des gens de type air se construit en fonction de ce qu'ils savent. Ces gens sont mal à l'aise lorsqu'ils paraissent ignorants ou lorsque leurs connaissances tombent en désuétude. Pour cela, ils sont généralement sensibles à la critique de ce qu'ils savent ou disent. Ils chercheront à en savoir plus que leur entourage de manière générale et auront tendance à évaluer la valeur d'une interaction humaine ou d'une situation quelconque par la richesse du savoir qu'elle lui apporte. Ce qui ne mène pas à un apprentissage est perçu comme étant de valeur minimale. Le philosophe en est un bel exemple.

Le type feu

L'ego des gens de type feu se construit en fonction de ce qu'ils font. Ces gens sont très mal à l'aise à l'idée de paraître incapables et chercheront donc constamment à prouver leur aptitude. Pour cela, ils sont généralement sensibles à la critique de leur action. Ces gens auront tendance à en faire plus que leur entourage. Ils auront tendance à évaluer la valeur des choses par leur réponse en situation réelle et la valeur des gens en cherchant à les pousser à l'action pour voir comment ils réagissent en pareille circonstance. Le soldat en est un bel exemple.

Le type eau

L'ego des gens de type eau se construit en fonction des émotions qu'ils arrivent à provoquer chez les autres. Ces individus sont très sensibles à l'opinion que les autres ont d'eux et ils chercheront constamment à faire plaisir. Ils auront tendance à être plus sensibles que leur entourage aux besoins des autres quitte à négliger leur propre besoin. Pour eux, la valeur d'une interaction, qu'elle soit humaine, avec un objet ou découlant d'une situation, dépend primordialement d'un ressenti émotionnel. L'artiste en est un parfait exemple.

Le type terre

L'ego des gens de type terre se construit en fonction de ce qu'ils ont. Ces gens sont très mal à l'aise à l'idée d'être ou de simplement paraître démunis. Ils auront tendance à vouloir accumuler des biens concrets, qu'ils soient tangibles ou intangibles. Ainsi, ils chercheront à accumuler des biens matériels mais aussi des biens intangibles considérés fiables, comme des diplômes ou une réputation. Puisque leur ego se construit en fonction de ce qu'ils ont, ils auront tendance à être très attachés à leur avoir.

Quel archétype fondamental défendent-ils ?

Pour mieux comprendre chaque type d'élément, il est important de comprendre que chacun de ces éléments défend un archétype fondamental. Ces archétypes sont des principes intangibles qui leur servent de phare et de mission de vie. De manière consciente ou inconsciente, subtile ou directe, tout leur être tendra vers cet archétype. Ces archétypes sont intimement liés à la construction de leur ego.

Le type air

Les gens de type air défendent l'archétype de liberté. Tout chez eux tendra vers la défense de ce principe, que ce soit pour eux-mêmes ou pour leurs pairs. Dans leurs interactions, ils chercheront systématiquement à influencer plutôt qu'à dominer et éviteront les affirmations trop cinglantes qui laissent peu de place à la réflexion et la liberté de choix. Cette tendance fait en sorte qu'ils ont souvent de la difficulté à s'imposer aux autres puisque cela irait à l'encontre de leur archétype fondamental. S'il leur est difficile de s'imposer aux autres, ils défendront avec une fougue hors du commun leur propre liberté et tout ce qui compromet cette dernière sera perçu comme une menace qu'il faudra fuir ou combattre.

Le type feu

Les gens de type feu défendent l'archétype du pouvoir. Tout chez eux défend cet archétype, principalement pour eux-mêmes, mais aussi pour ceux qu'ils aiment. Ils chercheront systématiquement à accomplir des activités qui renforcent leur puissance et accorderont un intérêt particulier aux informations pouvant mener vers ce but. Ils chercheront à "endurcir" ceux qu'ils aiment en leur faisant accomplir des tâches qui transcendent leurs limites actuelles et qui les mènent hors de leur zone de confort, quitte à être désagréables. Puisqu'ils défendent l'archétype du pouvoir, leur interaction avec les gens prendra souvent l'allure d'une altercation où il doit y avoir un gagnant et un perdant. L'exception à cette tendance est lorsqu'ils sont en présence d'une autorité. Ils auront un immense respect pour les gens en situation ou en position de pouvoir mais tolèreront difficilement des signes de faiblesses de la part de ces derniers.

Le type eau

Les gens de type eau défendent l'archétype de l'amour. Ces gens auront tendance à vivre dans un monde un peu féérique où tout le monde a sa place et mérite d'être compris. Ils chercheront systématiquement à se connecter à un niveau émotionnel avec leur entourage et leur faire vivre des sensations agréables. Pour cela, leur interaction avec les gens prendra souvent l'allure d'un flirt ou d'une séduction. Ils chercheront constamment à synchroniser leurs intérêts avec ceux des gens qu'ils apprécient, quitte à sembler un peu envahissants.

Le type terre

Les gens de type terre défendent l'archétype de la maîtrise. Ces gens auront tendance à chercher la perfection dans la globalité d'un sujet précis plutôt que de simplement être capable de bien faire une multitude de choses. C'est cet archétype qui les pousse vers les choses fiables qui ont fait leurs preuves. Ils auront un don pour systématiquement repérer la faille d'un système ou d'une idée, quitte à paraître rabat-joie pour leur entourage. Leur besoin d'être maîtres de leur environnement les fera souvent paraître en recherche de contrôle et le besoin d'être maîtres d'eux-mêmes les fera souvent paraître froids ou mécaniques. C'est ce besoin de maîtrise qui fait en sorte que les gens de type terre accordent autant d'importance à la structure des choses qu'à leur rendu.

Comment affrontent-ils leurs problèmes ?

Pour comprendre la réaction des différents types à un problème, il est important de comprendre que la majorité des problèmes découlent de deux états de fait. Ces états de fait sont la peur et le doute. Chacun de ces états se manifeste soit sous forme émotionnelle soit intellectuelle. La structure de chaque élément rend particulièrement apte à supporter sous l'une de ces formes la peur ou le doute.

Ainsi, il y a la peur intellectuelle qui se manifeste lorsque l'on ne comprend pas ce qui se passe. Il y a la peur émotionnelle qui se manifeste lorsqu'on ne comprend pas ce que l'on ressent. Il y a le doute intellectuel qui se manifeste lorsqu'on ne sait pas exactement ce qui se passe et, finalement, il y a le doute émotionnel qui se manifeste lorsqu'on ne sait pas exactement ce que l'on ressent.

Ainsi, les gens de type terre et de type feu supporteront relativement bien la peur mais supporteront très mal le doute. De la même manière, les gens de type air et de type eau supporteront assez bien le doute mais supporteront mal la peur. Ce sont ces tendances qui poussent, pour des raisons différentes, les gens de type feu et terre à simplifier les choses pour diminuer le doute en faveur de la clarté. De même, ce sont ces tendances qui pousseront les gens de type air de et de type eau à souvent être flous ou abstraits, quitte à laisser une plus grande place au doute au détriment de la clarté.

Le type air

Face à un problème, les gens de type air ont besoin de prendre de la distance. Cela sera souvent perçu comme de la fuite par les personnes qui ne fonctionnent pas sur ce principe. Ce qu'il faut comprendre est que ces gens pensent toujours au futur, donc face à un problème, ils pensent automatiquement à l'éventail des répercussions que leur action aura. Ils tentent alors de choisir la meilleure solution possible en fonction de ces considérations. Ils auront de la difficulté à répondre de manière spontanée à un problème à moins d'avoir longuement réfléchi au sujet au préalable. Ces gens ont une forte tolérance au doute intellectuel. Ils ont en général une grande confiance en leur capacité à résoudre l'énigme de l'inconnu puisqu'il est aisé pour eux de faire des liens mentaux entre des choses apparemment distinctes. Leur manière de voir le monde fait en sorte qu'ils seront à l'aise de ne pas tout savoir ou de ne pas tout comprendre tant et aussi longtemps qu'ils ont assez d'informations pour repérer des schémas (*patterns* en anglais) ou anticiper la panoplie de possibilités qui en découlent.

Le type feu

Face à un problème, les gens de type feu auront tendance à foncer vers ce dernier ou à chercher la confrontation. Ces gens ont beaucoup de difficultés à endurer la sensation de doute qui vient avec les problèmes et pour cela ils seront poussés à l'attaquer à la source le plus directement possible. Dans une interaction humaine, un individu de type feu préfèrera être confronté à une personne pour être sûr de sa position et ses sentiments envers elle plutôt que de vivre dans l'ambiguïté. Pour les gens de type feu, un problème est quelque chose qui fait partie du présent et il doit être réglé dans le présent. Pour cela, les gens qui ne fonctionnent pas selon cet élément seront déconcertés par la rapidité avec laquelle ils sont capables de passer à autre chose après s'être enflammés. Ils auront une forte tolérance à la peur émotive puisqu'ils seront naturellement poussés à l'action et que leurs actions éclairciront rapidement la nature du problème ou résoudront directement celui-ci.

Le type eau

Pour les gens de type eau, il n'y a jamais vraiment de problème. La question dans leur esprit étant plutôt de savoir comment s'adapter pour que ce problème n'en soit plus un. Leur dextérité émotive fait en sorte qu'il est relativement aisé pour eux d'improviser des solutions quitte à devoir redéfinir chaque paramètre de leur situation présente. Ils sont à l'aise avec le fait de ne pas être certains de ce qu'ils ressentent face à une situation tant et aussi longtemps que cette sensation est positive. Ils auront une forte tolérance au doute émotif. Pour ceux qui sont familiers avec le concept du Tao dans la tradition chinoise, ce dernier représente bien la manière dont les gens de type eau affrontent leur problème. Par une succession de chaos structurée par leurs émotions et déterminée par les situations qu'ils vivent.

Le type terre

Pour les gens de type terre, un problème en est un parce qu'on n'a pas su s'y préparer. C'est cette vision du monde qui les pousse à accumuler, que ce soit du matériel ou des connaissances. Pour eux, ces outils sont des prolongements d'eux-mêmes qu'ils devront savoir utiliser au moment opportun de manière efficace. Pour cela, ils auront tendance à assumer lorsqu'un problème les affecte, car selon leur vision du monde, ils auraient dû être prêts à y faire face. Puisqu'ils sentent le besoin d'être prêts à faire face à toute éventualité, les gens de type terre hésiteront beaucoup à sortir de leur zone de confort car l'inconnu implique qu'il sera impossible d'être préparé à tout. Il sera relativement aisé pour eux de vivre dans la peur intellectuelle tant qu'ils sont dans leur zone de confort mais ils supporteront mal le fait de ne pas comprendre ce qui arrive hors de leur système.

À quoi ressemble leur génie ?

Le génie d'une personne est sa capacité à percevoir le monde d'une manière particulière, lui permettant ainsi d'assimiler plus facilement certains types d'informations dans un contexte donné. Chaque élément est naturellement associé à une forme particulière de génie qui découle de la manière dont ils perçoivent le temps. À noter, la dynamique particulière créée par l'interaction des 4 éléments en chaque être en reflet avec leur vécu individuel crée le génie personnel. Cette forme de génie ne sera pas abordée en profondeur dans cet ouvrage puisqu'il se veut être une théorie générale des personnalités, mais il est important de savoir que cette forme de génie existe. Ce principe sera brièvement abordé dans le deuxième chapitre sur la construction de l'individualité.

Le type air

Le génie des gens de type air est perspectif. Si tout le monde analyse en permanence, les gens de type air poussent cette analyse plus en profondeur en prenant en considération un plus grand nombre de paramètres et de sources d'informations. Il est ainsi plus aisé pour ces gens de penser à l'extérieur des limites de la réalité qu'ils perçoivent devant eux. On parle en anglais de la pensée "out-of-the-box". On voit aisément le corollaire avec leur perception du temps qui se fait en fonction du futur. Leur désir d'en savoir plus que les autres est grandement associé à leur besoin de nourrir leur génie perspectif et leur tendance à s'intéresser aux choses considérées complexes est une manière de tester ce dernier. Pour mieux comprendre cette forme de génie, il est important de comprendre le concept de perspective. Imaginez un groupe d'enfants qui se promène en forêt lorsque soudainement il se perd.

Ils se mettent à discuter entre eux pour savoir comment faire pour retourner à la maison. Un des enfants dit qu'ils sont venus de ce côté alors qu'un autre dit qu'ils viennent de l'autre côté. Pendant qu'ils se chamaillent, un des enfants monte dans l'arbre le plus proche et de sa position en hauteur repère le sentier vers leur demeure. Cette capacité à voir au-delà de la sphère du connu en changeant son point de vue est ce qu'on appelle la perspective et l'accumulation du savoir chez les gens de type air représente leur capacité à monter dans cet arbre.

Le type feu

Le génie des gens de type feu est dynamique. Leur perception accrue des subtilités du présent fait en sorte qu'ils comprennent mieux que les autres les échanges de forces, qu'ils soient mentaux, émotionnels ou physiques. Ainsi, ces gens comprendront plus aisément et de manière plus instinctive la dynamique créée lors du botté d'un ballon mais aussi celle d'une interaction avec une personne ou un groupe de personnes. C'est ce génie dynamique qui fait que les gens de type feu sont souvent de bons meneurs d'hommes sans nécessairement être en phase avec leurs émotions ou celle des autres, ou de bons sportifs sans nécessairement comprendre les principes de physique qui découlent de leurs gestes et mouvements.

Le type eau

Le génie des gens de type eau est contextuel. Leur perception multidimensionnelle du temps fait en sorte qu'il est aisé pour eux de comprendre l'effet créé par l'imbrication de différents éléments distincts dans un milieu ou une situation donnée. Cette perception de l'effet créée par le contexte est très importante en musique et en poésie, mais aussi dans les interactions sociales et tout ce qui touche à la sphère émotive.

Le type terre

Le génie des gens de type terre est structurel. Ils perçoivent intuitivement les éléments stables ainsi que les choses qui ne changent pas pour ainsi déduire les limites de leur champ d'action ainsi que la manière dont ils peuvent les inclure dans un tout organisé.

Vers quelle impasse mène leur génie ?

Le génie qui découle de la vision particulière de chaque type d'élément peut aussi mener à une impasse. Une impasse arrive lorsqu'une manière particulière de voir le monde arrive à la limite de son potentiel pour devenir contre-productive ou néfaste. Il existe plusieurs impasses pour chaque élément ainsi que d'autres impasses créées par chaque dynamique du fondement mais nous nous limiterons ici à l'impasse la plus courante par type d'élément. Souvenez-vous que cette théorie se doit d'être pratique et facilement applicable et il serait contre-productif d'y énumérer pléthore d'éventualités.

Le type air

L'impasse la plus courante chez les gens de type air est l'apathie. Leur dextérité intellectuelle ainsi que leur génie perspectif leur donnent la capacité de quasi instantanément nier la valeur d'une nouvelle information en la regardant sous un angle négatif. C'est une tendance très répandue chez les gens souffrant de dépression mais elle prend une ampleur plus marquée chez les gens fonctionnant sur le principe de l'élément air car ces derniers arrivent aisément à complexifier les informations les plus simples pour s'assurer de ne pas être suivis dans leur raisonnement en subjectivant l'objectivité.

Le type feu

L'impasse la plus courante chez les gens de type feu est la sensation de persécution. Leur profonde compréhension de la dynamique des forces fait en sorte qu'ils seront très sensibles au fait de se soumettre à une force extérieure même si c'est pour leur bien ou dans leur intérêt. Le monde sera alors divisé en 2 groupes ; le groupe de ceux qui sont d'accord avec leurs actions et le groupe des ennemis qu'il faudra pourfendre. Leur génie dynamique sera alors mis au service de leurs tendances autodestructrices dans une tentative illusoire de prouver leur puissance. On repère souvent cette tendance chez les dictateurs en fin de régime ainsi que chez les gens de type feu sous l'influence de drogues dures.

Le type eau

L'impasse la plus courante chez les gens de type eau est la martyrisation. Leur adaptabilité découlant de leur génie à comprendre les subtilités de différents contextes fait que ces gens réagissent beaucoup plus qu'ils n'agissent et laissent ainsi les racines de multiples problèmes s'imbriquer les unes dans les autres. Ainsi, une multitude de simples petits problèmes devient un gros problème qui dépasse leur capacité d'adaptation. Ces gens n'agissent pas comme des victimes mais se retrouvent pourtant systématiquement dans des situations similaires à ces dernières puisqu'ils esquivent les problèmes au lieu de les déraciner.

Le type terre

L'impasse la plus courante des gens de type terre est la victimisation. Leur besoin de se fier à des structures fiables et des informations stables les emprisonne dans la sphère du connu. On entendra alors des phrases du type « c'est comme ça, on ne peut rien y changer » ou « je suis comme ça, je ne peux rien y faire ». Puisque leur archétype est la maîtrise, l'assimilation de nouvelles informations devra tendre vers cette dernière et dans leurs esprits, ces gens perçoivent automatiquement l'énorme travail de restructuration que cela implique. On aura tendance à les décrire comme ayant l'esprit fermé. Dans un souci d'efficacité, ces gens auront tendance à écarter les informations qui nécessitent de trop grands changements et à l'extrême, cela les mène vers la situation de victime.

Comment perçoivent-ils leur environnement ?

La manière dont chaque type perçoit son environnement est intimement lié à la construction de leur ego ainsi qu'à leur perception habituelle du temps.

Le type air

Les gens de type air perçoivent leur environnement de manière condescendante. Leur capacité à tirer énormément plus d'informations d'une situation en se basant sur leurs connaissances ainsi que leur capacité à aisément faire des liens mentaux conceptuels leur donnent souvent un air de "je sais tout" ou "j'en sais plus". Il faut comprendre que cette attitude condescendante est partiellement justifiée. Ces gens ne se considèrent pas eux-mêmes comme étant supérieurs mais ce qu'ils perçoivent comme étant subtilement plus véridique. Les gens de type air développent en général la capacité à se percevoir eux-mêmes comme distincts de leurs propres pensées. Cela ouvre dans leur esprit un monde de potentialité et de points de vue multiples ainsi que la tendance naturelle à l'objectivité.

Le type feu

Les gens de type feu perçoivent leur environnement de manière égoïste. Leurs interactions avec leur environnement sont systématiquement faites en fonction de ce dont ils ont besoin et de ce qu'ils désirent. Puisqu'ils comprennent instinctivement la dynamique qu'est l'échange de force, il sera relativement aisé pour eux de se mettre à la place des autres mais il sera très difficile pour eux de prioriser les besoins de ces derniers au détriment de leurs propres besoins. Cette attitude est partiellement justifiée par les constatations que leur génie dynamique leur permet de percevoir. Ils apprennent bien avant les autres que ceux qui ne se battent pas pour ce qu'ils veulent s'affaiblissent et que ceux qui pensent systématiquement aux besoins des autres avant les leurs deviennent individuellement faibles.

Le type eau

Les gens de type eau perçoivent leur environnement de manière subjective. Puisque le compas de leur action est leurs émotions, ceux-ci teintent en permanence leur vision de la réalité, quitte à ignorer la logique ou des faits inéluctables. Si d'un point de vue logique et rationnel cette manière de voir le monde peut parfois défier l'entendement, elle est animée de la sagesse du vivre ensemble et de l'esprit de communauté. Cette vision du monde anime les pulsions culturelles des peuples ainsi que la cohésion sociale des groupes définis.

Le type terre

Les gens de type terre perçoivent le monde de manière égocentrique. Puisqu'ils cherchent systématiquement la fiabilité et la maîtrise, ils se fieront principalement à ce qu'ils connaissent déjà et ce que leur propre expérience leur a permis de confirmer. Cette tendance fera en sorte qu'ils auront beaucoup de difficultés à se mettre à la place des autres puisque cela exige pour eux de mettre de côté la solidité de leur structure mentale pour des variables inconnues.

Deuxième partie

Dans cette deuxième section du livre, il sera question de concepts généraux qui permettront de cimenter ensemble les différentes notions vues dans la section précédente. Ici, les différents éléments ne seront pas nécessairement mis en contraste les uns avec les autres mais les notions et concepts qui seront abordés vous permettront de naviguer avec plus d'aisance et d'uniformité à travers la théorie. Je vous conseille fortement de relire à une ou deux reprises la section précédente pour vous assurer une certaine maîtrise des 4 éléments de base et leurs interactions avant de passer à la prochaine étape.

Les bases

Vous vous dites peut-être : "oui c'est bien beau tout ça, ça m'aide à comprendre bien des choses sur moi et sur les autres mais après" ? On va où avec ça ? Comment cela changera mon interaction avec les autres et moi-même? Encore une fois, un peu de patience.

L'une des premières choses à faire pour rendre cette théorie pratique est d'établir ses points d'ancrages. Les points d'ancrages sont des notions auxquelles on peut retourner lorsqu'on commence à se perdre dans la compréhension de l'autre. Souvenez-vous, il y a les exceptions, il y a les notions de génie personnel qui doivent être abordées ponctuellement, il y a l'hyper-complexification de la psyché qu'une intimité profonde dévoile, il y a le fait que les êtres humains ne sont pas des machines. Cette théorie est organique et suit fluidement la psyché humaine, pourtant les risques de s'y noyer existent si on ne sait pas vers quelle base se réancrer lorsque le flou survient. Les notions qui suivent seront vos bouées.

Les archétypes fondamentaux

Comme cité précédemment, chaque principe élémentaire tend vers un archétype fondamental qui guide fortement les actions de celui qui évolue sous son influence. Ces 4 archétypes fondamentaux sont le pouvoir, l'amour, la maîtrise et la liberté. Pour s'assurer qu'il n'y a pas de confusion dans la compréhension de ces archétypes, ils seront définis de façon objective et pratique pour leur application à la théorie.

La notion de pouvoir implique la capacité à amener une chose d'un état à un autre ou d'un lieu à un autre. Par exemple, convaincre quelqu'un demande à pouvoir changer l'état d'esprit de cette personne. Soulever un objet implique qu'on puisse lui fournir plus d'énergie que son point d'inertie. L'humour est une variante très intéressante du pouvoir car elle implique toujours une perturbation de notre état d'esprit, donc une transformation. Le pouvoir, c'est un transfert de force ainsi que les conditions qui permettent à ce transfert d'exister.

L'amour dans le cadre de cette théorie sera défini par la capacité d'un être, d'une chose, ou d'une situation, à transcender sa condition en s'unissant à un élément externe à lui-même de manière bénéfique pour les deux parties. Les métaphysiciens font souvent référence à l'équation $1 + 1 = 3$ pour représenter l'amour. Symbole que celui-ci dépasse la logique et que l'union de deux éléments par amour transcende l'addition logique de la valeur de leurs parties.

La maîtrise est la capacité d'une entité à reproduire sur commande un état précis, que cet état soit mental, physique ou émotionnel. La notion de maîtrise implique toujours la notion de limite car ce qui est maîtrisé se doit de pouvoir être défini. C'est la compréhension des limites d'une chose qui fait en sorte qu'on peut lui attribuer une structure.

La liberté est la capacité d'une entité à redéfinir les différents éléments de son paradigme par elle-même. C'est un principe d'autodétermination.

Il y a trois points d'ancrages fondamentaux à partir desquels on peut extrapoler la quasi-totalité du raisonnement de la personne en face de nous, principalement en fonction des éléments faisant partie de son fondement. Ces points d'ancrages fondamentaux sont : sa manière de percevoir le temps, ses archétypes fondamentaux et la manière dont se construit son ego. Lorsque l'on connaît la composition du fondement d'une personne, ces trois informations nous éclaireront rapidement sur les non-dits. La compréhension des archétypes fondamentaux qui influencent une personne vous aidera énormément sur les non-dits car la plupart des gens ont de la difficulté à expliquer pourquoi ils ont une forte préférence pour telle ou telle manière de faire les choses ou de penser. L'influence des archétypes fondamentaux est très insidieuse et fonctionne souvent à un niveau très inconscient chez la plupart des gens, alors il sera souvent très ardu pour eux d'expliquer de façon rationnelle certains de leurs comportements. Au niveau cérébral, l'influence des archétypes fondamentaux est très reptilienne. Comprendre cela vous permettra de comprendre pourquoi certaines tendances sont chez certains individus "plus fortes qu'eux", et ainsi interagir avec eux selon une base de non jugement.

La compréhension de la manière dont une personne perçoit le temps vous éclairera grandement sur ses agissements, son raisonnement et son niveau de compréhension d'une chose dans la sphère quotidienne et immédiate de sa réalité. Cela vous permettra ainsi de savoir à quoi vous attendre que cette personne ait retenu au sujet d'une interaction précédente avec vous ou une tierce personne. Lorsqu'une information est stockée en mémoire chez un individu, c'est l'aspect correspondant à la perception du temps des éléments de son fondement qui auront une grande prépondérance dans leur souvenir concernant leur mémoire à court et long terme. Plus un souvenir est ancien et plus il sera difficile pour une personne de se souvenir des composantes de ce souvenir qui ne sont pas reliées à sa perception naturelle du temps, soit sa perception dérivée de son fondement. Par exemple, si le frein d'une personne est le feu, il sera plus ardu pour cette personne de se souvenir de l'aspect dynamique de ce même souvenir avec le passage du temps. Si son frein est l'eau, plus il sera ardu pour elle de se remémorer de manière consciente l'aspect contextuel de ses souvenirs. En comprenant cela, on arrive à comprendre pourquoi la notion de génie associée à chaque élément existe, mais aussi celle d'impasse. Il est ardu d'ignorer un type d'information qui a une prépondérance dans nos souvenirs de la même manière qu'il est ardu de construire un raisonnement sur un type d'information dont on se souvient par nature difficilement. Vous avez maintenant indirectement une meilleure compréhension de comment se créent les malentendus.

La compréhension de la manière dont se construit l'ego d'une personne vous permettra de comprendre comment et pourquoi leurs émotions se structurent d'une manière spécifique. Il est dans la nature humaine de vouloir tendre vers le bonheur, et au-delà de sa propre compréhension des choses, une personne sera naturellement plus heureuse lorsqu'elle se rapproche des archétypes fondamentaux liés à son fondement. Le problème est que ces archétypes fondamentaux sont pour l'esprit humain "abstraits". La façon dont se construit l'ego d'une personne est une manière et un mécanisme subconscients d'avoir une preuve et une traçabilité de son rapprochement de l'archétype fondamental. De manière métaphorique, si l'archétype fondamental que défend une personne représente son Dieu, la construction de son ego en fonction de celui-ci représente sa capacité à en devenir le prophète et l'avatar. Lorsque vous connaissez vers quoi tend l'ego d'une personne, vous savez ce à quoi il accorde de l'importance en lui-même mais aussi le système de valeur qu'il utilise pour tout ce qui lui est externe.

La notion de plaisir

La quête du plaisir est une fonction instinctive chez l'être humain. Pour faciliter le rapprochement vers son archétype fondamental, la psyché humaine utilisera le plaisir comme appât lors de la mise en pratique du génie associé à chaque élément. Plus on s'approprie la notion de dynamique, plus on se rapproche du pouvoir, plus on s'approprie la notion de perspective et plus on se rapproche de la liberté et ainsi de suite.

On remarquera ainsi une tendance chez les gens de type air à aimer la philosophie et les débats, puisque cela leur permet d'affiner leur génie perspectif. Chez les gens de type terre, on remarquera une certaine tendance à la critique qui vient du développement de leur génie structurel. Repérer une faille, c'est se rapprocher de la maîtrise et ceci leur donne un certain plaisir. Chez les gens de type eau, on remarquera souvent une tendance à raconter des histoires ou à décrire un drame. Arriver à décrypter et raconter ces choses affine leur génie contextuel. Chez les gens de type feu, on remarquera souvent un amour du sport et de la danse qui implique automatiquement leur génie dynamique mais aussi une tendance naturelle à la confrontation pour les mêmes raisons.

Ces exemples ne sont que quelques-uns parmi tant d'autres mais le plus important est de se souvenir qu'une sensation de plaisir découle de l'affinement d'une forme de génie, principalement pour les formes de génie associées aux éléments de notre fondement.

Intensité de l'élément et baromètre d'intensité

Imaginez une salle remplie de gens de toutes sortes. Des gens de type air, des gens de type feu, de type eau et terre tous confondus. Ces gens parlent et interagissent ensemble. Vous vous trouvez dans cette salle, parlez aux gens, mais rien ne vous interpelle vraiment chez ceux que vous avez rencontrés. Ils sont relativement intéressants mais ils ne vous marquent pas vraiment. Vous aurez oublié la plupart de ces gens dans quelques jours. Soudainement, vous tombez sur une personne qui sort du lot. Une personne qui, par une action ou une autre, une parole ou une autre, un sentiment ou un autre, un avoir ou un autre, vous marque d'une telle façon que vous ne puissiez l'oublier même si vous le vouliez. Cette personne vous a fait une forte impression. Que s'est-il passé ? Elle a déplacé l'un des baromètres d'intensité que vous utilisez comme repère.

En chaque personne, les 4 éléments se retrouvent selon la structure qu'on a vue. Un élément maître, un élément subjugué, un élément défi et un élément frein. Si la personne en face de vous est vivante et respire, alors chaque élément en elle aura des caractéristiques organiques qui lui seront propres. L'une de ces principales caractéristiques est l'intensité. Plus l'intensité d'un élément chez une personne est grande, plus les caractéristiques naturellement associées à cet élément seront prépondérantes et visibles chez elle.

La psyché humaine établit naturellement et automatiquement des points de repère d'intensité que j'ai nommés baromètres d'intensité. Ces baromètres ont un seuil positif et un seuil négatif pour chaque élément. Tout ce qui se trouve en-deçà du seuil négatif nous laisse une impression négative, ce qui se trouve au-dessus du seuil positif nous laisse une impression positive. Ce qui se retrouve entre ces deux seuils est considéré comme faisant partie de la norme et nous laissera plus ou moins indifférent, on parlera d'une zone de confort élémentale. Quand une personne nous marque, que ce soit d'une manière positive ou négative, alors c'est que d'une manière ou d'une autre elle nous a amené à sortir de notre zone de confort élémentale. C'est un peu comme si chaque personne portait en elle 4 thermomètres dont la chaleur indiquée serait l'intensité de l'élément correspondant. Par une multitude de choses et indices, lors d'une interaction humaine, on juge automatiquement ceux avec qui on interagit simultanément au niveau conscient et inconscient. Les gens sont naturellement plus sensibles aux "thermomètres" associés aux éléments de leur fondement et sont marqués d'une impression lorsque l'on va au-delà d'un des deux seuils de leur baromètre.

Ce que l'on nomme communément stéréotypes sont des archétypes de pensée avec des baromètres prédéfinis. Que ce soit par l'éducation, un préjugé, un raisonnement ou l'expérience, on assume les limites des différents baromètres d'une personne avec laquelle on interagit en fonction des différents groupes auxquels on arrive à les associer. Un intellectuel sera naturellement associé à un stéréotype où l'élément air prédomine, un sportif sera naturellement associé à un stéréotype où l'élément feu prédomine. Ce concept s'étend aux différents groupes ethniques, à la classe sociale, au sexe, à l'âge, etc.

Prenons l'exemple de l'enfant prodige. Un enfant de 7 ans déjà virtuose d'un instrument de musique sait lire et écrire les partitions, de plus il compose lui-même des chefs d'œuvre. Cet enfant nous marque. Lorsqu'on le voit, les baromètres que l'on associe à son âge sont automatiquement déplacés. Selon notre préconception des choses, un enfant de 7 ans ne devrait pas savoir faire cela. Dans notre esprit, cet enfant entre automatiquement dans la catégorie "exception". Pour bien comprendre l'aspect subjectif des stéréotypes, il faut bien prendre en compte le point de vue de l'observateur. Ce même enfant pourrait être envoyé dans une école de haut niveau. Pour le professeur qui le prendrait en charge, il ferait partie de la "norme" de ce qu'un élève de 7 ans devrait représenter à l'intérieur de sa sphère d'influence. À la vue de cet enfant, il n'y aurait aucun déplacement des baromètres associés à un élève de 7 ans pour ce professeur.

Dans la même optique, certaines choses sont considérées comme faisant partie de la norme dans certaines cultures alors que dans d'autres, ces mêmes éléments peuvent paraître exceptionnels. À noter, l'aspect le plus intime de la psyché d'un individu est difficilement mesurable sur l'échelle d'un baromètre. C'est ce "je-ne-sais-quoi" qu'on arrive difficilement à décrire chez l'autre mais que l'on reconnaît pourtant aisément. C'est pourquoi je répète à plusieurs reprises que cette théorie des personnalités vous sera d'une immense aide pour comprendre les pourtours de la personnalité d'un individu mais que cet individu n'est point une machine. C'est à l'intérieur de cette sphère unique de la psyché d'un individu que se construit la notion de génie personnel et son individualité. La seule chose qui vous permettra de saisir la subtilité de cette portion de la psyché d'un individu de manière acceptable sera de vivre des expériences avec cette personne ainsi que d'apprivoiser son histoire et son vécu personnels selon sa propre vision des choses, non la vôtre. En d'autres mots, il faut comprendre la culture individuelle d'un individu pour comprendre son génie personnel.

Élasticité et raffinement de l'élément

Rose est une personne sobre et assez réservée. Elle n'aime pas trop déranger et malgré son assurance, ses gestes et paroles sont teintés d'une certaine gêne. Pourtant, une forte réputation de femme qui ne se laisse pas marcher sur les pieds la suit. Cette réputation est bien méritée. Tout en restant la personne sobre qu'elle est, il est dans son naturel de défendre avec fougue ses idées, ses principes et ses valeurs. Le feu est l'élément maître chez Rose, alors comment se fait-il qu'elle paraisse si réservée ?

On a vu précédemment que l'intensité d'un élément détermine la prépondérance des caractéristiques associées à cet élément chez un individu. Plus l'intensité est élevée, plus les caractéristiques associées dominent. Dans le cas de Rose, on observe qu'elle a une grande maîtrise sur l'intensité de son élément feu, que cela soit fait de façon consciente ou non. Dans sa vie de tous les jours, l'intensité de son élément maître qui est le feu est assez basse. Pourtant, sa réputation nous laisse conclure que ce bas niveau d'intensité est voulu et contrôlé. Chaque fois que la situation l'exige, l'intensité de son élément feu augmente de façon drastique. C'est ce phénomène que j'appelle l'élasticité de l'élément. Plus un élément est élastique chez un individu, plus le spectre d'intensité auquel il a accès est large. Le raffinement de l'élément quant à lui est la capacité d'un individu à contrôler l'élasticité de son élément de façon adéquate en fonction de la situation et des circonstances dans lesquelles la personne se trouve.

Dans notre exemple, Rose a un très bon degré d'élasticité de son élément feu mais aussi un très grand raffinement de ce dernier. Dans la même situation, si l'élément feu de Rose était tout aussi élastique mais que son raffinement était moindre, elle aurait paru hystérique ou excentrique à son entourage. Elle n'aurait pas su ajuster l'élasticité de son élément de façon adéquate. Souvent, les gens que l'on considère être des mésadaptés sociaux souffrent d'un manque d'élasticité ou d'un manque de raffinement d'un de leurs éléments. À noter, le cas de Rose est un exemple parfait de confusion possible. Un œil non entraîné aurait pu croire que l'élément maître de Rose est l'air car la discrétion et la subtilité sont naturellement liées à cet élément, mais ceci est une illusion créée par le raffinement de Rose. Pour comprendre comment Rose évolue malgré tout sous l'élément feu, il faut soi-même avoir une profonde compréhension de ce dernier, et se rappeler que certaines choses ne changent pas, comme la façon de percevoir le temps et l'archétype fondamental.

À noter qu'à l'intérieur de sa sphère, chaque élément peut être "travaillé". Le travail sur l'élasticité et l'intensité passe principalement par l'action, alors que le travail sur le raffinement passe principalement par la compréhension. Dans cette optique, lire cette théorie des personnalités affûtera grandement le raffinement de vos éléments. Vous les comprendrez, vous vous comprendrez vous-même un peu mieux. Vous aurez une très bonne idée du pourquoi des gens et cela vous permettra d'avoir une compréhension plus profonde de ce qui se passe lors d'une interaction humaine. Cette compréhension à elle seule vous permettra de vous ajuster de manière à mettre les chances de votre côté pour obtenir ce que vous voulez. Une information bien intégrée "descend" dans le subconscient et s'y répand. C'est ce qui arrive lorsque le niveau de raffinement augmente. L'élasticité et l'intensité se doivent d'être pratiquées. On ne peut pas simplement atteindre un plus grand niveau d'élasticité ou d'intensité en obtenant une nouvelle information.

L'exception à cette règle est lorsqu'une nouvelle information nous permet de comprendre un de nos blocages et que la dissipation de ce blocage nous donne accès à un plus grand niveau d'élasticité ou d'intensité qui était déjà présent en nous. Notre élasticité/intensité reste la même mais l'étendue à laquelle on l'exploite change car par la suite on les comprend mieux. En ce qui concerne l'élément feu par exemple, les arts martiaux sont par excellence une activité pour repousser les limites de son élasticité et de son raffinement. Si les élèves apprennent à se battre et à embrasser la compétition à un certain niveau d'intensité en perpétuelle augmentation, on leur apprend aussi à respecter des règles et des traditions qui les poussent à moduler en permanence leur niveau d'intensité, en l'occurrence repousser les limites de l'élasticité de l'élément.

Dogme élémentaire et influence extérieure

Un individu n'existe jamais vraiment seul, il subit tout au long de son existence des influences extérieures qui définiront en grande partie sa personnalité et son individualité. La stabilisation de ses influences extérieures à l'intérieur d'un individu contribue grandement à construire son unicité, ce qui se reflétera dans ce que j'ai appelé le génie personnel. Toute influence extérieure a un effet spécifique sur les différents éléments qui constituent le paradigme d'un individu, amplifiant ou diminuant ceux-ci de manière caractéristique. J'ai nommé ces influences externes des dogmes élémentaires. Il y a une infinité de ces dogmes mais nous les simplifierons ici à 4 grands groupes qui sont le dogme familial, le dogme social, le dogme culturel et le dogme professionnel.

De la même manière qu'un individu a une structure élémentaire, un dogme aussi a une structure élémentaire. Si une personne vous parle de sa famille, vous remarquerez certaines caractéristiques communes qui se retrouvent habituellement chez ses membres. Telle famille est colérique, telle famille est bornée, telle famille est entreprenante, etc. Lorsque l'on comprend qu'un dogme a une structure élémentaire et que cette structure élémentaire impacte celle de l'individu, ces informations nous permettent d'avoir une compréhension plus holistique d'une personne. Lorsqu'un individu laisse échapper une information sur l'un de ces 4 dogmes, il vous donne des informations précieuses qui vous aideront à le comprendre dans sa globalité.

Petit exemple. Prenons le dogme professionnel. Un individu vous laisse savoir qu'il est soldat. Sans connaître sa structure élémentaire personnelle à lui, vous pouvez savoir que la structure élémentaire du dogme du soldat est traditionnellement celle du feu comme élément maître, celle de la terre comme élément subjugué, celle de l'air comme élément défi et celle l'eau comme élément frein. Cette structure ne sera pas nécessairement sa structure à lui, mais vous ne pouvez pas nier que cette structure l'impacte lui et sa façon de voir le monde. Plus vous deviendrez à l'aise avec cette théorie des personnalités et plus il vous sera aisé de comprendre comment s'imbriquent et s'impactent les différents dogmes et l'effet que ces derniers ont sur l'individualité d'une personne. Dans ce domaine, les gens de type eau et de type feu sont naturellement avantagés par le type de génie associé à leur élément, soit le génie dynamique et le génie contextuel. On les trouve habituellement plus "humains".

Traumatisme et redéfinition de soi

Si vous vous souvenez bien, j'ai précisé au début de cette théorie que chaque individu répond à une structure élémentaire stable, mais est-ce que la structure élémentaire d'un individu reste la même toute sa vie ? La réponse est non. Étant le fondement de la personnalité même d'une personne, cette structure ne changera pas facilement et jamais complètement, mais elle peut changer et se doit de changer au cours de la vie d'un individu. Ces changements suivront toujours une lente progression suite à un traumatisme. Dans un souci d'objectivité, je tiens à préciser que le mot traumatisme n'a pas une connotation péjorative dans le cadre de cette théorie. Dans le contexte qui est le nôtre, il est neutre. Un traumatisme n'a pas de "valeur émotive". On s'intéresse simplement à savoir si la pulsion psychique qu'une personne subit suite à un événement quelconque a la capacité d'altérer sa structure de pensée de manière durable. Si oui, il y a traumatisme. L'influence d'un dogme élémentaire est traumatique sur le long terme. On peut reprendre l'exemple du soldat nommé précédemment. Peu importe la structure initiale d'une personne, si elle évolue assez longtemps sous la sphère d'influence de ce dogme, elle sera traumatisée par ce dernier à un degré de profondeur non négligeable. Il y a aussi des traumatismes ponctuels qui ont une répercussion durable dans le temps.

En voici quelques exemples : le début et la fin du premier grand amour, la mort d'un proche, le premier grand succès ainsi que le premier grand échec, une prise de conscience particulièrement intense, revivre et surpasser un très vieux souvenir, revivre une expérience d'enfance marquante, etc.

Comme je le disais précédemment, la structure élémentaire d'une personne ne changera pas rapidement, cela prend habituellement plusieurs années, donc lorsqu'on interagit avec une personne, il est relativement raisonnable d'admettre que sa structure restera la même pour une longue période de temps. Il y a certaines exceptions où le traumatisme dépasse les limites de ce qui est humainement endurable. Des exemples comme un viol, assister de près à la mort violente d'un ou plusieurs proches, mais aussi, de façon moins dramatique, certaines situations axées sur le développement personnel. Dans un tel cas, le changement de la structure élémentaire d'une personne peut être assez rapide, mais même dans un tel cas, la structure élémentaire ne serait pas immédiatement stable. On aurait ainsi en face de nous une personne qui serait amenée à apprivoiser une nouvelle structure élémentaire qui ne lui est pas instinctivement naturelle, le tout avec un raffinement inadéquat ainsi qu'une intensité et une élasticité au-delà de ce qui lui est habituel. Si le changement de sa structure élémentaire aura été rapide, sans le support et les ressources adéquats, nous aurions affaire à une personne fortement névrosée avec des réactions plus ou moins imprévisibles. Je tiens à préciser que les exceptions existent, certaines personnes peuvent stabiliser de tels traumatismes très rapidement, mais ces gens ne sont pas la norme.

Parfois, lorsqu'on cherche à déterminer la structure élémentaire d'une personne, il arrivera que le tout semble très flou. Parfois, la structure de la personne en face de nous est tellement instable qu'on a souvent l'impression de faire affaire à deux ou plusieurs personnes enfermées dans un même corps. À un moment elle agit selon une structure, et le moment suivant selon une autre. Il est possible que ceci fasse partie de son individualité, certaines personnes ayant l'identité naturellement polychromique. Mais dans la grande majorité des cas, cet état indiquera une phase de transition. La personne se détache tranquillement d'une structure élémentaire pour s'attacher à une nouvelle qui sera plus adaptée à sa réalité présente.

Ce qui est intéressant, surtout si les relations humaines vous passionnent, c'est de percevoir dans ce type de situation vers quoi tendra la nouvelle structure élémentaire. Est-ce que les actions de la personne en face de nous, surtout les actions non-conscientes, répondent de plus en plus à un paradigme qui ne lui est pas naturel ?

Si oui, il est possible d'extrapoler, rarement avec une exacte certitude bien-sûr, quel type de personnalité ou de trait de personnalité cette personne développera dans les prochaines années en se fiant à des indices. Le chaos émotionnel est un de ces puissants indices. Lorsqu'une personne ne se reconnaît plus, qu'elle ne comprend plus pourquoi elle agit instinctivement de telle ou telle manière, pourquoi ses goûts changent mais qu'elle a de la difficulté à l'expliquer, pourquoi cette personne semble être attirée vers des drames qui semblent constamment lui enseigner la même leçon. On peut facilement repérer avec de tels indices et circonstances, des brins d'explications que l'on pourra analyser et extrapoler. Les gens fonctionnant sous le principe de l'élément air sont fortement avantagés dans ce domaine par leur génie perspectif. Dans une mesure moins flamboyante mais tout aussi efficace, les gens de type terre semblent percevoir plus rapidement que bien d'autres ces changements par leur génie structurel.

Paradigme de pensée

Je tenais à préciser une information concernant la structure élémentaire d'une personne. Lorsque l'on prend le fondement d'une personne, il est important de comprendre que pour elle, son fondement n'est pas une façon de penser. Pour cette personne, son fondement représente qui elle est. Ce qui y est rattaché est plus qu'important pour elle, c'est fondamentalement essentiel. Contrairement à l'élément défi, qui est considéré comme étant non essentiel mais très important, et au frein, qui est perçu la plupart du temps comme un mal nécessaire qu'on apprend à apprécier avec la maturité. Pour une personne, peu importe l'impasse vers laquelle cela mène, il sera primordial qu'elle puisse se sentir elle-même et ceci est relié au fondement. Cela aide à mettre en perspective les malentendus. Dans une situation d'incompréhension ou de malentendu, il suffit de ramener à sa conscience les points d'ancrages liés à la situation. Les vôtres et ceux de votre interlocuteur dans une discussion, mais aussi par extrapolation ceux des différents protagonistes d'une histoire, d'un récit ou d'une anecdote qu'on vous aurait rapportés.

Ainsi, on a conscience de ce que l'on sait, mais aussi de ce qu'on ne peut pas s'assurer de savoir ou d'avoir compris. Pour clarifier ce que je veux dire, je tiens à faire un retour sur la notion de génie. Chaque élément se retrouve en chaque personne, donc tout un chacun a accès à ces paradigmes. Analogiquement parlant, le génie associé à un élément serait comparable à un club sélect où un type d'information privilégié circule, loin des zones publiques associées à tous. Lorsque l'on parle de l'élément défi, on a affaire à l'élément où on a accès à ce club sélect mais que, la plupart du temps, on ne maîtrise pas par manque d'intérêt. Lorsque l'on a affaire à une personne dont les éléments du fondement ne correspondent pas aux éléments de notre fondement, il est sage d'assumer qu'il y aura des malentendus. D'un point de vue externe, certaines choses peuvent nous paraître stupides ou incohérentes mais il faut se souvenir que nous n'avons pas accès au même club sélect que notre interlocuteur. Dans cette optique, il est important de savoir quel aspect d'une réalité peut nous échapper à nous ou à notre interlocuteur. Voici donc l'importance des points d'ancrages, sans nécessairement comprendre le génie d'une personne, il nous suffit de savoir à quel archétype se rattache ce génie pour avoir un aperçu global de l'information qu'il peut nous manquer à nous ou à l'interlocuteur en face de nous.

Anomalie élémentale et estime de soi

Les informations que l'on a vues jusqu'à présent concernent des gens stables et relativement en bonne santé psychologique. Dans cette optique, cette théorie sera très fluide. Il y a un cas très intéressant et très courant où les éléments de cette théorie peuvent paraître contre-intuitifs et c'est le cas de la faible estime de soi. Structurellement parlant, une personne qui a une faible estime d'elle-même a une tendance à s'éloigner des archétypes associés aux éléments de son fondement au lieu de s'en rapprocher, et son ego se construira de manière négative par rapport à ceux-ci. Si un des éléments de son fondement est le feu, son ego sera constamment construit en fonction des choses qu'il n'arrive pas à faire, et il s'en complaira comme faisant partie de son identité. Si un des éléments de son fondement est l'eau, son ego se construira en fonction des émotions qu'il n'arrive pas à provoquer chez les autres et ainsi de suite.

Afin d'éviter de tomber dans le jugement de valeur, nous qualifions ici la faible estime de soi comme étant une intensité ou un raffinement anormalement faible et chronique. Cette intensité est associée à l'un des éléments du fondement dans l'optique de s'éloigner des archétypes qui régissent cet élément. À noter, il ne faut pas confondre une personne ayant une faible estime d'elle-même avec les mésadaptés sociaux. Les mésadaptés sociaux sont déphasés du besoin des autres par un raffinement, une intensité ou une élasticité inadéquats, alors que les gens ayant une faible estime d'eux-mêmes sont plutôt "infidèles" à leur fondement.

Dans l'optique de pouvoir interagir le plus efficacement possible avec les gens, il faut savoir repérer leur niveau d'estime d'eux-mêmes car une interaction avec eux pourra être très contre-intuitive. Le fait d'interagir avec eux en fonction de leur fondement les rapprochera de leur archétype, et le tout créera simultanément une sensation de plaisir naturelle et un malaise assez débilitant dont la dynamique pourra provoquer certaines réactions très irrationnelles. Souvent, les gens en situation de faible estime d'eux-mêmes portent un masque. Ce masque se construit la plupart du temps par la combinaison de leur élément maître et de leur élément défi. Ils joueront ainsi un "personnage naturel" à travers lequel ils exprimeront leur manifestation de confiance en eux-mêmes.

Dans certains cas, et de manière assez répandue, les gens fuient leurs insécurités d'une telle manière et avec une telle constance que la combinaison de leur élément maître et de leur élément défi se superpose à leur fondement ou supplante carrément ce dernier en termes d'importance dans leur quotidien. C'est seulement lorsqu'ils se retrouvent seuls qu'ils retombent dans leur fondement naturel mais aussi dans la négativité de leurs insécurités qui y est associée. Les tendances négatives (sadiques, perverses, masochistes, auto-dénigrantes, etc.) que ces gens expriment, le plus souvent en secret et teintées d'un sentiment de honte ou de culpabilité, sont la manifestation d'un retour à leur fondement naturel. Celui-ci est, par manque de confiance, d'une inadéquate configuration, sous-développé ou carrément instable.

Syntaxe de compréhension

Comme je le précise constamment, pour que cette théorie soit efficace, il faut qu'elle reste simple. Pour ce faire, il y a une simple petite syntaxe qu'il est possible de mémoriser pour faciliter sa compréhension. Elle n'est pas sans faille mais elle est un très bon compas. Lorsque l'on a identifié les éléments du fondement de la personne en face de nous, on peut créer des phrases de repère avec ce qu'on peut en déduire. Prenons pour exemple une personne dont les éléments du fondement seraient l'air et le feu. Si on se questionne sur sa forme de génie, on pourra assumer qu'elle sera une symbiose de ces deux paradigmes, donc la perspective et la dynamique. Alors, on pourra garder en tête que sa forme de génie est la perspective dynamique. On pourra assumer qu'en regardant les choses avec une perspective particulière, cette personne arrivera avec un naturel et une aisance à comprendre la dynamique que cela crée.

On pourra assumer que la vision du monde de cette personne est d'une condescendance égoïste. Ainsi, elle observera la réalité avec une certaine distance tout en gardant un œil très aguerri sur tout ce qui bénéficiera à ses intérêts personnels ou qui pourrait au contraire y nuire.

La limite de son génie la mènera à une sensation de persécution apathique. On pourra assumer que sa forme de génie l'amènera un jour ou un autre, si ce n'est déjà fait, à devenir inactive et à ne pas réagir là et quand elle le devrait car elle se sentira persécutée.

On pourra assumer que l'archétype qui la domine sera la symbiose de la liberté et du pouvoir. En jouant un peu avec les conjonctions telles que *et, ou, par*, on aura une certaine idée de son mode de pensée.

Par exemple : elle cherchera à atteindre la Liberté *par* le pouvoir. Le pouvoir représentera pour elle la liberté donc selon cette personne : *liberté = pouvoir* ou *pouvoir = liberté*.

Le même exercice peut-être effectué avec n'importe quelle combinaison des éléments du fondement. De cette manière, en retenant la logique de cette syntaxe, vous n'aurez pas à mémoriser chaque dynamique du fondement de manière machinale car vous serez systématiquement en mesure de la déduire. De plus, avec la pratique, ce processus deviendra de plus en plus naturel, et, comme une langue, vous n'aurez plus à y penser. Elle sera en vous. Je me retiens parfois de mettre plus de détails dans cette théorie car il est important pour moi qu'elle reste légère. De cette manière, il sera plus facile pour vous de l'adapter et l'optimiser à votre propre manière de penser et de la combiner à ce que vous connaissez déjà. Ainsi, cette théorie est complète à elle seule, mais peut catalyser les résultats que vous obtenez par les autres méthodes que vous connaissez déjà.

Comprendre de quoi est fait le paradigme d'un élément

Nous avons vu plus tôt dans ce texte l'analogie de la voiture. Pour mieux comprendre comment s'imbriquent les 4 éléments en chaque individu et ce qui caractérise leur position, je tenais, avant que l'on termine cette section du livre, à vous parler d'un concept additionnel qui devrait vous éclairer un peu plus sur comment les 4 éléments interagissent entre eux mais aussi quelques repères pour comprendre ce qui les définit. Chaque élément est associé à une forme de sagesse et d'intelligence particulières, mais si je m'arrêtais là dans mon explication il manquerait quelque chose d'important.

Le concept d'intelligence est associé à la progression alors que celui de la sagesse est associé à celui de la stabilité. Pour mieux l'expliquer, nous allons prendre comme exemple une pyramide. Plus la pyramide sera intelligemment construite et plus il sera possible de la construire en hauteur, mais pour que cette pyramide résiste au passage du temps et des intempéries, elle devra être sagement construite. En d'autres termes, sa construction se devra d'être solide. Lorsque l'on prend la structure des éléments dans cette théorie, soit un élément maître, un élément subjugué, un élément défi et un élément frein, on peut les décortiquer de cette manière. L'intelligence et la sagesse associées au fondement d'une personne se manifesteront de manières très prépondérantes. Autant l'élément maître que l'élément subjugué d'une personne sera imbibé de ces deux notions, mais la notion d'intelligence sera plus dominante pour l'élément maître et la notion de sagesse plus dominante pour l'élément subjugué.

Ce que cela veut dire en concret est qu'aucun élément n'est supérieur ou inférieur à un autre en lui-même, mais une vie vécue en fonction d'un élément particulier rend pratique et efficace une certaine manière d'être reliée à l'archétype fondamental qu'il défend.

Prenons par exemple un gestionnaire dont l'élément maître est la terre et l'élément subjugué est le feu. On pourrait le critiquer abondamment sur le caractère social et humain de son mode de gestion, sa tendance à prendre des décisions qui puissent paraître cruelles et injustes, sur sa fermeture d'esprit, etc. Mais en finalité, l'intelligence et la sagesse qui sont siennes lui permettront de bâtir une entreprise puissante et fiable, évoluant d'une manière prévisible de sorte que l'on puisse planifier avec certitude les futures progressions de celle-ci.

Un gestionnaire qui aurait comme élément maître la terre et élément subjugué l'eau aurait pu faire un tout aussi bon travail que le dernier, mais il aurait implémenté des politiques d'entreprises plutôt axées sur l'humain de sorte que les employés se sentent appréciés et soient ainsi plus productifs et que l'entreprise jouisse d'une meilleure image publique. En finalité, les deux hommes auraient atteint leur objectif, soit celui de créer une entreprise prospère, mais puisqu'ils se fient à une sagesse et une intelligence différentes, leur style de gestion, lui, sera différent.

En ce qui a trait à l'élément défi, la raison pour laquelle il est utilisé de manière ponctuelle comme un outil est qu'habituellement, c'est l'aspect "intelligence" seulement de cet élément qui sera développé. La personne n'a pas besoin de comprendre les ramifications de la sagesse associées à son élément défi car elle se fiera naturellement à la sagesse des éléments de son fondement. C'est pour cela que la vision du monde qu'une personne perçoit en fonction de son élément défi pourra paraître non-orthodoxe ou inusitée à une personne qui a cet élément comme faisant partie de son fondement. Elle en percevra naturellement l'intelligence mais se méfiera probablement quant à la capacité de cette logique à être viable sur le long terme, à tort ou à raison. La sagesse et l'intelligence associées à l'élément frein d'un individu sont des manières de faire auxquelles la personne ne fera pas confiance car elle n'est pas en position de bien les comprendre. Cet état de l'élément défi et de l'élément frein n'est pas limitatif. Ce que je veux dire, c'est que par le développement personnel ou les circonstances de vie, une personne peut être amenée à développer autant l'aspect intelligence et sagesse de ses éléments défi et frein, et, à vrai dire, c'est le but premier des traumatismes que l'on a vus précédemment dans le texte. C'est un processus de maturation.

Troisième partie

La troisième partie de cet ouvrage comportera principalement des mises en scène. Nous arrivons à la limite de ce qui peut être expliqué dans un document d'introduction. Non pas que plus d'informations ne puissent être dites mais plutôt qu'assez d'informations ont été données pour permettre à toute personne de bien assimiler les concepts après quelques lectures de ce document.

Les deux premières parties sont courtes et c'est exactement ce que je désirais pour cet ouvrage. Je tiens à préciser, même si je semble me répéter, qu'il se doit d'être relu à plusieurs reprises pour être bien assimilé. Le but est que vous puissiez vous passer de théorie pour comprendre les choses expliquées dans ce document, que ces informations deviennent naturelles pour vous. Le fait que ce document soit court vous permettra tout de même d'y jeter un coup d'œil périodiquement, pour vous rafraîchir la mémoire, pour accorder votre compréhension comme le musicien accorde son instrument, mais la musique dépend en finalité de celui qui la joue bien plus que de son instrument.

Mise en scène

Comme exercice de synthèse, voici une courte mise en scène qui démontre comment cette théorie peut être utilisée de manière pratique pour comprendre une interaction humaine et ses subtilités. La scène sera d'abord peinte dans son intégralité pour ensuite être décortiquée d'une manière qui puisse être analysée avec les éléments de cette théorie.

Le jeune Jimmy est dans sa chambre. Il rêvasse et songe à son rêve de voyager et voir le monde. Toutes ses pensées nourrissent son imagination et il pense déjà à la prochaine chanson que cela lui inspire, à comment il fera vibrer les foules, les lieux inconnus où son art l'emmènera. Il joue de la musique avec trois de ses amis les vendredis soir depuis deux ans et voudrait les impressionner avec un nouveau morceau inusité. Rares sont ceux qui connaissent le jazz aussi bien que lui, ses grandes figures, l'influence de plusieurs mouvements, mais aussi comment marier à la perfection différents styles. Soudainement, on cogne à la porte de sa chambre.

Un peu surpris de voir son père entrer, ce dernier lui dit qu'il aimerait lui parler sérieusement. Son père s'asseoit près de lui et lui dit sans passer par quatre chemins qu'il est inquiet pour lui. Il ne fait rien de sérieux, ses notes à l'école sont désastreuses.

Jimmy rétorque à son père que ce qu'il dit est faux. Il fait de la musique et est très talentueux à cette chose. Il prépare son premier concert, dans un petit bar du haut de la ville certes, mais c'est tout de même un bon début. Voyant le soudain changement de posture de son père et sentant que ses phrases sont loin d'avoir l'effet escompté, il s'empresse de poursuivre en disant que c'est seulement lorsqu'il joue de la musique qu'il se sent en vie, que c'est son rêve.

Son père lui répond froidement qu'on ne paie pas des factures avec des rêves et ajoute qu'il lui a décroché un emploi dans la compagnie d'un de ses amis comme assistant. Jimmy est censé commencer dans une semaine. Ça devrait lui enseigner les "vraies choses" et il pourra ainsi gravir les échelons et se faire un nom.

Soudainement, Jimmy, qui avait été jusque là très attentif aux paroles de son père, renonce à toute tentative de se faire comprendre par ce dernier. Il commence à ramasser ses instruments sous la pluie de remontrances de son père. Alors que Jimmy s'apprête à sortir de la chambre sous les jurons de son père, il se retourne et lui rétorque froidement : "Si tu essaies d'écraser mes rêves, c'est parce que toi tu n'as jamais eu le courage de réaliser les tiens. Tu es un lâche et je ferai tout pour ne pas te ressembler" et il s'empresse par la suite de partir à son lieu de répétition.

Pris par surprise, le père de Jimmy reste dans un état de choc un bref instant, ressentant monter en lui un tumulte qui le pousse dans une soudaine rage. Il s'emploie à déployer un effort significatif pour la maîtriser. Il comprend rapidement qu'une confrontation n'apportera aucun résultat et se prépare à avoir une longue discussion avec sa femme pour trouver rapidement une solution à ce problème, gardant quand même en tête l'ultimatum de forcer son fils à prendre le travail d'assistant.

Nous allons décortiquer ce qu'il s'est passé. D'abord, on se doit de repérer le fondement des deux protagonistes. Nous avons le jeune Jimmy, amateur de musique perdu dans sa tête et qui rêvasse souvent. À travers sa musique, il souhaite faire vivre de belles émotions à ceux qui l'écouteront. On perçoit sa tendance à naturellement se projeter dans le futur, à le vivre et le ressentir comme une réalité imminente. Souvenez-vous, pour repérer le fondement d'une personne, il est recommandé de se fier d'abord aux points d'ancrage fondamentaux : la manière de percevoir le temps, la manière dont se construit son ego ainsi que ses archétypes fondamentaux.

Perception du temps : il est aisé de repérer la tendance de Jimmy à vivre en fonction du futur. On le perçoit rapidement par ses rêvasseries mais aussi par la confiance avec laquelle il construit ses plans d'avenir (la musique), en fonction des choses qui ne sont pas encore tout à fait solides (sa carrière de musicien et son désir de voir le monde). N'oubliez pas, on cherche toujours à repérer le fondement d'une personne et non pas simplement son élément maître ou son subjugué.

Selon ce point d'ancrage, nous avons une perception du temps en fonction du futur ainsi qu'une deuxième perception du temps dont on ne peut pas être aussi certain.

Nous avons donc le futur comme point d'ancrage temporel ainsi qu'une variante X inconnue. Le fait qu'il passe rapidement d'une pensée à l'autre nous fait tendre vers une perception multidimensionnelle du temps : comment il fera vibrer la foule dans plusieurs années, comment il impressionnera ses camarades à sa répétition du vendredi, comment il se sent à l'instant et ainsi de suite. Si nous ne sommes pas sûrs (ce qui est souvent le cas), il est possible de continuer à la considérer comme une variable inconnue et compléter l'information manquante en analysant un autre point d'ancrage.

Pour résumer, nous avons ici : *perception du temps = futur + variable X*, ce qui nous donne un fondement qui serait construit en fonction du paradigme *air + variable X*.

Passons maintenant au prochain point d'ancrage qui est la construction de l'ego. Il est très clair dans le texte que Jimmy aime provoquer des sensations chez les gens. Que ce soit ses amis qu'il veut impressionner par un nouveau morceau de musique, les foules qu'il voudrait faire danser ou même son père qu'il essaie d'abord de convaincre en lui faisant comprendre comment il se sent, en lui décrivant son rêve pour ainsi lui transmettre par empathie la pulsion émotive qui le motive avec tant de force. Il est donc clair que son ego se construit en fonction des sensations qu'il arrive à provoquer.

Le deuxième point d'ancrage en fonction de l'ego est un peu moins clair. Il semble être très fier de jouer de la musique à un niveau que peu de personnes sont capables d'égaler, donc il serait possible que son ego soit aussi construit en fonction de ce qu'il fait. On repère une expertise rare dans sa connaissance de la musique (surtout du jazz) mais aussi dans sa manière de jumeler différents styles et reconnaître l'influence de différents mouvements musicaux. Ici, les indices ne sont pas aussi clairs que son désir de vouloir provoquer des émotions chez les autres mais ce qu'il sait semble faire partie d'une portion importante de la construction de son ego. Rappelez-vous, en cas de doute, il est possible de confirmer avec les autres points d'ancrages.

Donc, nous avons ici une forte propension à la construction de l'ego en fonction des émotions provoquées et nous avons aussi une forte possibilité que son ego se construise aussi en fonction de ce qu'il sait ou de ce qu'il fait. Nous gardons ces informations en tête mais nous les considérerons pour l'instant comme des variables instables.

Avec de la pratique et de l'expérience, vous ferez les calculs et jaugerez les différentes possibilités de caractère à une telle vitesse que ce type de doute ne vous gênera plus vraiment mais, pour commencer, il est préférable d'écarter les éléments qui semblent trop nébuleux. Nous avons donc ici un ego dépendant des sensations provoquées et construit selon une variable X inconnue, donc *ego = émotions + variable X*.

Cela se traduit par un fondement en fonction du paradigme de l'eau + variable inconnue.

Déjà, avec ces informations, nous avons une très bonne idée de quoi se constituera le fondement de Jimmy. Nous avons une claire indication que l'élément eau et l'élément air font partie de son fondement. Nous confirmerons avec le troisième point d'ancrage fondamental.

Le troisième point d'ancrage fondamental correspond aux archétypes fondamentaux qu'une personne défend et qui l'animent. Puisque ce sont des principes intangibles, ils seront plus ardus à repérer et les repérer sera un processus un peu plus subtil, mais les archétypes fondamentaux sont l'un des points d'ancrages les plus efficaces pour expliquer les non-dits, ces choses qui peuvent paraître irrationnelles à celui qui n'a pas la perspective nécessaire.

Dans l'exemple qui nous intéresse, la dynamique de l'échange entre Jimmy et son père a pris une tournure drastiquement différente lorsque celui-ci a essayé d'imposer sa solution à son fils. L'importance de cet événement dans la tournure des choses nous renvoie directement au concept de liberté. La liberté de Jimmy ayant été compromise, il s'est confronté à son père et s'est distancé de lui.

Selon ce qui est présenté dans cet exemple, nous n'avons pas d'autres éléments assez clairs pour déterminer l'influence d'un autre archétype. Le fait qu'il joue de la musique avec son groupe est un indice qui pourrait tendre vers l'archétype de l'amour mais cet indice est faible. Son interaction avec les autres membres du groupe pourrait être motivée par la maîtrise et le fait de pratiquer avec ces derniers les en rapproche. Ou bien parce qu'il comprend qu'il a besoin de faire partie d'un groupe de musiciens pour convaincre les gens du sérieux de son approche musicale, ce qui correspondrait donc à une motivation animée par l'archétype du pouvoir. Souvenez-vous, dans le doute, il est préférable de considérer un élément nébuleux comme une variable instable. On garde en tête les possibilités qu'elle pourrait représenter mais on se fie sur la solidité d'une information claire. Nous avons donc comme point d'ancrage en fonction de l'archétype fondamental la liberté + une variable inconnue. Donc, nous avons comme élément du fondement l'élément *air + variable inconnue*.

Il est possible d'utiliser d'autres éléments de cette théorie comme points d'ancrage pour complémenter et confirmer l'information obtenue. Des éléments tels que la forme de génie, la façon dont Jimmy affronte les problèmes ou encore l'impasse où il se trouve peuvent aider mais puisqu'ils peuvent tous être extrapolés des 3 points d'ancrages fondamentaux, si vous voulez que cette théorie soit plus fluide et naturelle, fiez-vous principalement à ces derniers pour faire vos observations et déterminer le fondement. Aussi, des notions comme la forme de génie peuvent facilement mener à confondre l'élément défi avec un élément du fondement. Avec de l'expérience et de la pratique, ces choses ne seront plus un problème mais pour l'instant, fiez-vous surtout aux archétypes fondamentaux pour repérer la structure d'un individu.

Ici, nous avons donc l'air qui se confirme avec clarté deux fois comme faisant partie du fondement de Jimmy et l'eau qui se confirme une fois.

Il est sage d'assumer que le fondement de Jimmy est *air + eau*.

En ce qui a trait au père de Jimmy, je vous laisse le soin d'analyser sa structure élémentaire par vous-même. Ce sera un bon exercice de pratique. La structure élémentaire du père de Jimmy est feu comme élément maitre, terre comme élément subjugué, air comme élément défi et eau comme élément frein. Nous analyserons ici certains éléments de son comportement.

Lorsque son fils lui a fait une remontrance concernant le fait qu'il cherche à tuer ses rêves parce que lui n'a jamais eu le courage de suivre les siens, il s'est passé une chose très intéressante. Le père de Jimmy a été forcé pendant un instant à percevoir le monde selon le paradigme de l'eau et de l'air. En touchant avec une telle habileté ce point sensible de son père, surtout dans le contexte d'une confrontation, Jimmy a fait remonter à la surface chacun des éléments possiblement associés à ce souvenir. C'est un puissant piège psychologique pour une personne n'ayant pas l'air comme élément de son fondement. Avec sa capacité à se percevoir elle-même comme une personne distincte de ses idées, il est plus aisé pour une personne avec l'élément air comme faisant partie de son fondement de transmuter une telle attaque en critique constructive.

Pour quelqu'un comme le père de Jimmy, dont l'élément subjugué est la terre, une telle remarque sera perçue comme une attaque à la solidité de son identité. Dans une telle situation, on peut noter le raffinement des éléments du fondement du père de Jimmy. Chez quelqu'un de moins raffiné, cette attaque à la solidité de son identité, qui est très importante pour une personne fonctionnant sous le paradigme de l'élément terre, aurait provoqué la réaction naturelle de défendre automatiquement celle-ci par l'élément maître, soit le feu pour le père de Jimmy. Mais dans ce cas-ci, le paradigme de l'élément feu n'est pas l'idéal pour régler la situation, surtout si on prend en considération le long terme, une chose que les gens fonctionnant sous l'élément terre font très souvent. Le génie dynamique du père de Jimmy lui a fait comprendre très rapidement que cet échange ne se gagnerait pas par une confrontation directe. La perspective de son élément défi, qui est l'air, lui a permis de comprendre que ce genre de situation émotive est en général mieux géré par sa femme et qu'il serait sage de la consulter avant de prendre une décision finale.

Pour voir plus d'exemples, vous pouvez aller directement sur la page internet associée au livre.

Conclusion

Si vous êtes passé à travers cette théorie des personnalités au complet, sachez que vous avez accès à des informations que vous ne trouverez nulle part ailleurs. Si je me suis fié à des théories existantes telles que les Doshas de l'Ayurveda indienne et les Archétypes de Jung pour structurer les idées de ce livre, je ne les ai vues nulle part exprimées avec une telle simplicité tout en gardant leur profondeur, y mélangeant les concepts dérivant de mon expérience et de mes innovations.

J'ai passé énormément de temps à essayer de comprendre le mode de pensée de chacun des paradigmes, non pas par simple réflexion mais en me mettant dans des situations exigeant de comprendre des aspects spécifiques de chacun des paradigmes. Ça n'a pas toujours été agréable, souvent pénible, mais cela en a finalement valu amplement la peine.

Après avoir lu cette théorie germe en vous une pépite d'or. Au siècle où nous vivons, à l'ère de l'information et de la globalisation, l'homme moyen ne peut plus se permettre de se cantonner à son propre mode de pensée. Aujourd'hui, le défi des hommes et des nations est de se comprendre en profondeur et en subtilité. Je jette cette goutte d'eau dans un océan en lequel j'ai foi, celui du vivre ensemble. Je crois en la capacité des hommes à se comprendre, et à leur désir de vouloir bâtir ensemble un monde qui exprime la diversité de nos richesses, de nos façons d'être et de nos façons de penser.

Ce livre est un puissant outil de compréhension de soi et de l'autre. Il peut tout aussi bien servir à mieux cibler les besoins d'une clientèle type qu'à faciliter la communication au domicile familial, qu'à comprendre les hésitations d'un prospect lors d'une vente ou à désamorcer un conflit imminent issu d'une incompréhension. Libre à vous, assimilez bien la base et laissez aller votre créativité dans son application diverse, adaptée à vos paradigmes et vos besoins. Si vous y arrivez, c'est que j'ai été à la hauteur de la tâche avec cette théorie. Celle d'être assez bref pour qu'elle soit malléable, assez concis pour qu'elle reste simple et fiable. Bon apprentissage, et au prochain ouvrage.